AF595212

DISCOURS
PRONONCÉ
DANS L'ACADEMIE
FRANÇOISE

PAR Mr. DE LA BRUYERE

Le Lundy quinziéme Juin M. DC. XCIII.

JOUR DE SA RECEPTION.

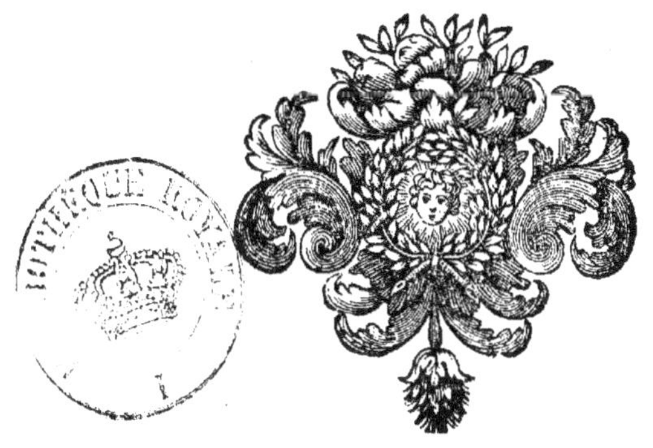

A PARIS,

Chez ESTIENNE MICHALLET, premier Imprimeur du Roy, ruë S. Jacques, à l'Image S. Paul.

M. DC. XCIII.

AVEC PERMISSION.

DISCOURS
PRONONCÉ
DANS L'ACADEMIE
FRANÇOISE,
PAR M. DE LA BRUYERE

Le Lundy quinziéme Juin 1693.

JOUR DE SA RECEPTION.

MESSIEURS,

Il ſeroit difficile d'avoir l'honneur de ſe trouver au milieu de vous, d'avoir devant ſes yeux l'Academie Françoiſe, d'avoir lû l'hiſtoire de ſon établiſſement, ſans penſer d'abord à celuy à qui elle en eſt redevable, & ſans ſe perſuader qu'il n'y a rien de plus naturel, & qui doive moins vous déplaire, que d'entamer ce tiſſu de loüanges qu'exigent le devoir & la coûtume, par quelques traits où ce grand Cardinal ſoit reconnoiſſable, & qui en renouvellent la memoire.

Ce n'eſt point un perſonnage qu'il ſoit facile de rendre ny d'exprimer par de belles paroles, ou par de riches figures, par ces diſcours moins faits pour relever le merite de celuy que l'on veut peindre, que pour montrer tout le feu & toute la vivacité de l'Orateur. Suivez le Regne de Loüis le Juſte, c'eſt la vie du Cardinal de Richelieu, c'eſt ſon éloge, & celuy du Prince qui l'a mis en œuvre: Que pourrois-je ajoûter à des faits encore recens & ſi memorables? Ouvrez ſon Teſtament politique, digerez cet ouvrage, c'eſt la peinture de ſon eſprit, ſon ame toute entiere s'y developpe, l'on y découvre le ſecret de ſa conduite & de ſes actions, l'on y trouve la ſource & la vray-ſemblance de tant & de ſi grands évenemens qui ont parû ſous ſon adminiſtration; l'on y voit ſans peine qu'un homme qui penſe ſi virilement & ſi juſte, a pû agir ſeurement & avec ſuccés, & que celuy qui a achevé de ſi grandes choſes, ou n'a jamais écrit, ou a dû écrire comme il a fait.

Genie fort & ſuperieur il a ſçû tout le fond & tout le myſtere du gouvernement, il a connu le beau & le ſublime du miniſtere; il a reſpecté l'Etranger, ménagé les Couronnes, connu le poids de leur alliance, il a oppoſé des Alliez à des Ennemis; il a veillé aux intereſts du dehors, à ceux du dedans, il n'a oublié que les ſiens; une vie laborieuſe & languiſſante, ſouvent expoſée, a eſté le prix d'une ſi haute vertu; dépoſitaire des treſors de ſon Maiſtre, comblé de ſes bienfaits, ordonnateur, diſpenſateur de ſes Finances, on ne ſçauroit dire qu'il eſt mort riche.

Le croiroit-on, Meſſieurs, cette ame ſerieuſe & auſtere, formidable aux Ennemis de l'Etat, inexorable aux factieux, plongée dans la negociation, occupée tantoſt à affoiblir le parti de l'hereſie, tantoſt à déconcerter une ligue, & tantoſt à mediter une conqueſte, a trouvé le loiſir d'eſtre ſçavante, a goûté les belles lettres & ceux qui en faiſoient profeſſion. Comparez-vous, ſi vous l'oſez, au grand Richelieu, Hommes dévoüez à la fortune, qui par le ſuccés de vos affaires particulieres vous jugez dignes que l'on vous confie les affaires publiques, qui vous donnez pour des genies heureux & pour de bonnes teſtes, qui dites que vous ne ſçavez rien, que vous n'avez jamais lû, que vous ne lirez point, ou pour marquer l'inutilité des ſciences, ou pour paroiſtre ne devoir rien aux autres, mais puiſer tout de voſtre fonds, apprenez que le Cardinal de Richelieu a ſçû, qu'il a lû; je ne dis pas qu'il n'a point eu d'éloignement pour les gens de lettres, mais qu'il les a aimez, careſſez, favoriſez; qu'il leur a ménagé des privileges, qu'il leur deſtinoit des penſions, qu'il les a réünis en une Compagnie celebre, qu'il en a fait l'Academie Françoiſe. Oüy, Hommes riches & ambitieux, contempteurs de la vertu & de toute aſſociation qui ne roule pas ſur les établiſſemens & ſur l'intereſt, celle-cy eſt une des penſées de ce grand Miniſtre, né homme d'Etat, dévoüé à l'Etat, eſprit ſolide, éminent, capable dans ce qu'il faiſoit des motifs les plus

plus relevez, & qui tendoient au bien public comme à la gloire de la Monarchie, incapable de concevoir jamais rien qui ne fût digne de luy, du Prince qu'il servoit, de la France à qui il avoit consacré ses meditations & ses veilles.

Il sçavoit quelle est la force & l'utilité de l'éloquence, la puissance de la parole qui aide la raison & la fait valoir, qui insinuë aux hommes la justice & la probité, qui porte dans le cœur du soldat l'intrepidité & l'audace, qui calme les émotions populaires, qui excite à leurs devoirs les Compagnies entieres, ou la multitude : il n'ignoroit pas quels sont les fruits de l'Histoire & de la Poësie, quelle est la necessité de la Grammaire, la base & le fondement des autres sciences, & que pour conduire ces choses à un degré de perfection qui les rendît avantageuses à la Republique, il faloit dresser le plan d'une Compagnie où la vertu seule fût admise, le merite placé, l'esprit & le sçavoir rassemblez par des suffrages, n'allons pas plus loin ; voila vos principes, Messieurs, & vostre regle, dont je ne suis qu'une exception.

Rappellez en vostre memoire, la comparaiſon ne vous ſera pas injurieuſe, rappellez ce grand & premier Concile, où les Peres qui le compoſoient, étoient remarquables chacun par quelques membres mutilez, ou par les cicatrices qui leur étoient reſtées des fureurs de la perſecution; ils ſembloient tenir de leurs playes le droit de s'aſſeoir dans cette Aſſemblée generale de toute l'Egliſe: il n'y avoit aucun de vos illuſtres predeceſſeurs qu'on ne s'empreſſât de voir, qu'on ne montrât dans les places, qu'on ne deſignât par quelque ouvrage fameux qui luy avoit fait un grand nom, & qui luy donnoit rang dans cette Academie naiſſante qu'ils avoient comme fondee; tels étoient ces grands artiſans de la parole, ces premiers Maiſtres de l'éloquence Françoiſe, tels vous eſtes, Meſſieurs, qui ne cedez ny en ſçavoir ny en merite à nul de ceux qui vous ont précedez.

L'un auſſi correct dans ſa langue que s'il l'avoit appriſe par regles & par principes, auſſi élegant dans les langues étrangeres que ſi elles luy étoient naturelles, en quelque idiome qu'il compoſe, ſemble toûjours parler celuy de ſon païs; il a entrepris, il a fini une penible traduction que le plus bel eſprit pourroit avoüer, & que le plus pieux personnage devroit desirer d'avoir faite.

L'autre fait revivre Virgile parmi nous, transmet dans nostre langue les graces & les richesses de la Latine, fait des Romans qui ont une fin, en bannit le prolixe & l'incroyable pour y substituer le vray-semblable & le naturel.

Un autre plus égal que Marot & plus Poëte que Voiture, a le jeu, le tour & la naïveté de tous les deux; il instruit en badinant, persuade aux hommes la vertu par l'organe des bestes, éleve les petits sujets jusqu'au sublime, homme unique dans son genre d'écrire, toûjours original, soit qu'il invente, soit qu'il traduise, qui a esté au delà de ses modeles, modele luy-mesme difficile à imiter.

Celuy-cy passe Juvenal, atteint Horace, semble créer les pensées d'autruy & se rendre propre tout ce qu'il manie, il a dans ce qu'il emprunte des autres toutes les graces de la nouveauté & tout le merite de l'invention; ses vers forts & harmonieux, faits de genie, quoyque travaillez avec art, pleins de traits & de poësie, seront lûs encore quand la langue aura vieilli, en seront les derniers débris; on y remarque une critique seure, judicieuse, & innocente, s'il est permis du moins de dire de ce qui est mauvais, qu'il est mauvais.

Cet autre vient aprés un homme loüé, aplaudi, admiré, dont les vers volent en tous lieux & passent en proverbe, qui prime, qui regne sur la scene, qui s'est emparé de tout le theatre : il ne l'en dépossede pas, il est vray, mais il s'y établit avec luy, le monde s'accoûtume à en voir faire la comparaison; quelques-uns ne souffrent pas que Corneille, le grand Corneille, luy soit préferé, quelques autres qu'il luy soit égalé ; ils en appellent à l'autre siecle, ils attendent la fin de quelques vieillards, qui touchez indifferemment de tout ce qui rappelle leurs premieres années, n'aiment peut-estre dans Oedipe que le souvenir de leur jeunesse.

Que diray-je de ce personnage qui a fait parler si long-temps une envieuse critique & qui l'a fait taire; qu'on admire malgré soy, qui accable par le grand nombre & par l'éminence de ses talens, Orateur, Historien, Theologien, Philosophe, d'une rare érudition,

tion, d'une plus rare éloquence, ſoit dans ſes entretiens, ſoit dans ſes écrits, ſoit dans la Chaire, un défenſeur de la Religion, une lumiere de l'Egliſe, parlons d'avance le langage de la poſterité, un Pere de l'Egliſe. Que n'eſt-il point ? Nommez, Meſſieurs, une vertu qui ne ſoit pas la ſienne.

Toucheray-je auſſi voſtre dernier choix ſi digne de vous ? Quelles choſes vous furent dites dans la place où je me trouve ! je m'en ſouviens, & aprés ce que vous avez entendu, comment oſe-je parler, comment daignez-vous m'entendre ? avoüons-le, on ſent la force & l'aſcendant de ce rare eſprit, ſoit qu'il preſche de genie & ſans preparation, ſoit qu'il prononce un diſcours étudié & oratoire, ſoit qu'il explique ſes penſées dans la converſation : toûjours maître de l'oreille & du cœur de ceux qui l'écoutent, il ne leur permet pas d'envier ny tant d'élevation, ny tant de facilité, de délicateſſe, de politeſſe ; on eſt aſſez heureux de l'entendre, de ſentir ce qu'il dit, & comme il le dit ; on doit eſtre content de ſoy ſi l'on emporte ſes reflexions, & ſi l'on en profite. Quelle grande acquiſition avez-vous faite en cet homme illuſtre ! à qui m'aſſociez-vous !

Je voudrois, Messieurs, moins pressé par le temps & par les bienseances qui mettent des bornes à ce discours, pouvoir loüer chacun de ceux qui composent cette Academie, par des endroits encore plus marquez & par de plus vives expressions. Toutes les sortes de talens que l'on voit répandus parmy les hommes, se trouvent partagez entre vous: veut-on de diserts Orateurs qui ayent semé dans la Chaire toutes les fleurs de l'Eloquence, qui avec une saine morale ayent employé tous les tours & toutes les finesses de la langue, qui plaisent par un beau choix de paroles, qui fassent aimer les solemnitez, les Temples, qui y fassent courir, qu'on ne les cherche pas ailleurs, ils sont parmi vous. Admire-t-on une vaste & profonde litterature qui aille foüiller dans les archives de l'antiquité, pour en retirer des choses ensevelies dans l'oubli, échapées aux esprits les plus curieux, ignorées des autres hommes, une memoire, une methode, une précision à ne pouvoir dans ces recherches s'égarer d'une seule année, quelquefois d'un seul jour sur tant de siecles; cette doctrine admirable vous la possedez, elle est du moins en quelques-uns de ceux qui forment cette ſçavante Aſſemblée. Si l'on eſt curieux du don des langues joint au double talent de ſçavoir avec exactitude les choſes anciennes, & de narrer celles qui ſont nouvelles avec autant de ſimplicité que de verité, des qualitez ſi rares ne vous manquent pas, & ſont réünies en un meſme ſujet : ſi l'on cherche des hommes habiles, pleins d'eſprit & d'experience, qui par le privilege de leurs emplois faſſent parler le Prince avec dignité & avec juſteſſe ; d'autres qui placent heureuſement & avec ſuccés dans les negociations les plus délicates, les talens qu'ils ont de bien parler & de bien écrire ; d'autres encor qui preſtent leurs ſoins & leur vigilance aux affaires publiques, aprés les avoir employez aux Judiciaires, toûjours avec une égale reputation ; tous ſe trouvent au milieu de vous, & je ſouffre à ne les pas nommer.

Si vous aimez le ſçavoir joint à l'Eloquence, vous n'attendrez pas long-temps, reſervez ſeulement toute voſtre attention pour celuy qui parlera aprés moy ; que vous manque-t-il enfin, vous avez des Ecrivains habiles en l'une & en l'autre oraiſon, des

Poëtes en tout genre de poësies, soit morales, soit chrétiennes, soit heroïques, soit galantes & enjoüées, des imitateurs des anciens, des critiques austeres; des esprits fins, délicats, subtils, ingenieux, propres à briller dans les conversations & dans les cercles; encor une fois à quels hommes, à quels grands sujets m'associez-vous?

Mais avec qui daignez-vous aujourd'huy me recevoir, aprés qui vous fais-je ce public remerciement? il ne doit pas neanmoins cet homme si loüable & si modeste apprehender que je le louë; si proche de moy, il auroit autant de facilité que de disposition à m'interrompre. Je vous demanderay plus volontiers à qui me faites-vous succeder; à un homme qui avoit de la vertu.

Quelquefois, Messieurs, il arrive que ceux qui vous doivent les loüanges des illustres morts dont ils remplissent la place, hesitent partagez entre plusieurs choses qui meritent également qu'on les releve; vous aviez choisi en M. l'Abbé de la Chambre un homme si pieux, si tendre, si charitable, si loüable par le cœur, qui avoit des mœurs si sages & si chrétiennes, qui étoit si touché de de religion, si attaché à ses devoirs, qu'une de ses moindres qualitez étoit de bien écrire; de solides vertus qu'on voudroit celebrer, font passer legerement sur son érudition ou sur son éloquence; on estime encore plus sa vie & sa conduite que ses ouvrages; je prefererois en effet de prononcer le discours funebre de celuy à qui je succede, plûtost que de me borner à un simple éloge de son esprit. Le merite en luy n'étoit pas une chose acquise, mais un patrimoine, un bien hereditaire; si du moins il en faut juger par le choix de celuy qui avoit livré son cœur, sa confiance, toute sa personne à cette famille qui l'avoit renduë comme vostre alliée, puis qu'on peut dire qu'il l'avoit adoptée & qu'il l'avoit mise avec l'Academie Françoise sous sa protection.

Je parle du Chancelier Seguier : on s'en souvient comme de l'un des plus grands Magistrats que la France ait nourris depuis ses commencemens : il a laissé à douter en quoy il excelloit davantage, ou dans les belles lettres, ou dans les affaires, il est vray du moins, & on en convient, qu'il surpassoit en l'un & en l'autre tous ceux de son temps : homme grave & familier, profond dans les délibe-rations, quoyque doux & facile dans le commerce, il a eu naturellement ce que tant d'autres veulent avoir, & ne se donnent pas, ce qu'on n'a point par l'étude & par l'affectation, par les mots graves, ou sententieux, ce qui est plus rare que la science, & peut-estre que la probité, je veux dire de la dignité ; il ne la devoit point à l'éminence de son poste ; au contraire il l'a annobli ; il a esté grand & accredité sans ministere, & on ne voit pas que ceux qui ont sçû tout réünir en leurs personnes, l'ayent effacé.

Vous le perdites il y a quelques années ce grand Protecteur, vous jettâtes la vûë autour de vous, vous promenâtes vos yeux sur tous ceux qui s'offroient & qui se trouvoient honorez de vous recevoir; mais le sentiment de vostre perte fut tel, que dans les efforts que vous fites pour la reparer, vous osâtes penser à celuy qui seul pouvoit vous la faire oublier & la tourner à vostre gloire ; avec quelle bonté, avec quelle humanité ce magnanime Prince vous a-t-il receus ! n'en soyons pas surpris, c'est son caractere ; le mesme, Messieurs, que l'on voit éclater dans toutes les actions de ſa belle vie, mais que les ſurprenantes revolutions arrivées dans un Royaume voiſin & allié de la France, ont mis dans le plus beau jour qu'il pouvoit jamais recevoir.

Quelle facilité eſt la noſtre, pour perdre tout d'un coup le ſentiment & la memoire des choſes dont nous nous ſommes vûs le plus fortement imprimez ! Souvenons-nous de ces jours triſtes que nous avons paſſez dans l'agitation & dans le trouble, curieux, incertains quelle fortune auroient couru un grand Roy, une grande Reyne, le Prince leur fils, famille auguſte, mais malheureuſe, que la pieté & la religion avoient pouſſées juſqu'aux dernieres épreuves de l'adverſité, helas! avoient-ils peri ſur la mer ou par les mains de leurs ennemis, nous ne le ſçavions pas; on s'interrogeoit, on ſe promettoit reciproquement les premieres nouvelles qui viendroient ſur un évenement ſi lamentable; ce n'eſtoit plus une affaire publique, mais domeſtique, on n'en dormoit plus, on s'éveilloit les uns les autres pour s'annoncer ce qu'on en avoit appris; & quand ces perſonnes Royales à qui l'on prenoit tant d'intereſt, euſſent pû échaper à la mer ou à leur patrie, étoit-ce assez? ne faloit-il pas une Terre Etrangere où ils pussent aborder, un Roy également bon & puissant qui pût & qui voulût les recevoir? Je l'ay veuë cette reception, spectacle tendre s'il en fut jamais! on y versoit des larmes d'admiration & de joye: ce Prince n'a pas plus de grace, lorsqu'à la teste de ses Camps & de ses Armées il foudroye une ville qui luy resiste, ou qu'il dissipe les Troupes Ennemies du seul bruit de son approche.

S'il soûtient cette longue guerre, n'en doutons pas, c'est pour nous donner une paix heureuse, c'est pour l'avoir à des conditions qui soient justes & qui fassent honneur à la nation, qui ostent pour toûjours à l'Ennemi l'esperance de nous troubler par de nouvelles hostilitez. Que d'autres publient, exaltent ce que ce grand Roy a executé, ou par luy-mesme, ou par ses Capitaines durant le cours de ces mouvemens dont toute l'Europe est ébranlée, ils ont un sujet vaste & qui les exercera long-temps. Que d'autres augurent, s'ils le peuvent, ce qu'il veut achever dans cette Campagne, je ne parle que de son cœur, que de la pureté & de la droiture de ses intentions;

tions; elles ſont connuës, elles luy échappent, on le felicite ſur des titres d'honneur dont il vient de gratifier quelques Grands de ſon Etat, que dit-il ? qu'il ne peut eſtre content, quand tous ne le ſont pas, & qu'il luy eſt impoſſible que tous le ſoient comme il le voudroit: il ſçait, Meſſieurs, que la fortune d'un Roy eſt de prendre des villes, de gagner des batailles, de reculer ſes frontieres, d'être craint de ſes ennemis; mais que la gloire du Souverain conſiſte à eſtre aimé de ſes peuples, en avoir le cœur, & par le cœur tout ce qu'ils poſſedent. Provinces éloignées, Provinces voiſines, ce Prince humain & bienfaiſant, que les Peintres & les Statuaires nous défigurent, vous tend les bras, vous regarde avec des yeux tendres & pleins de douceur; c'eſt là ſon attitude: il veut voir vos habitans, vos bergers danſer au ſon d'une flute champeſtre ſous les ſaules & les peupliers, y meſler leurs voix ruſtiques, & chanter les loüanges de celuy qui avec la paix & les fruits de la paix leur aura rendu la joye & la ſerenité.

C'eſt pour arriver à ce comble de ſes ſouhaits la felicité commune, qu'il ſe livre aux travaux & aux fatigues d'une guerre penible, qu'il essuye l'inclemence du ciel & des saisons, qu'il expose sa personne, qu'il risque une vie heureuse : voilà son secret, & les veuës qui le font agir, on les penetre, on les discerne par les seules qualitez de ceux qui sont en place,& qui l'aident de leurs conseils ; je ménage leur modestie, qu'ils me permettent seulement de remarquer ; qu'on ne devine point les projets de ce sage Prince, qu'on devine au contraire, qu'on nomme les personnes qu'il va placer, & qu'il ne fait que confirmer la voix du peuple dans le choix qu'il fait de ses Ministres : Il ne se décharge pas entierement sur eux du poids de ses affaires, luy-mesme, si je l'ose dire, il est son principal Ministre ; toûjours appliqué à nos besoins, il n'y a pour luy ny temps de relâche ny heures privilegiées ; déja la nuit s'avance, les gardes sont relevées aux avenuës de son Palais, les Astres brillent au Ciel & font leur course, toute la nature repose,privée du jour, ensevelie dans les ombres, nous reposons aussi, tandis que ce Roy retiré dans son balustre veille seul sur nous & sur tout l'Etat : tel est, Messieurs, le Protecteur que vous vous estes procuré, celuy de ses peuples.

Vous m'avez admis dans une Compagnie

illuſtrée par une ſi haute protection ; je ne le diſſimule pas, j'ay aſſez eſtimé cette diſtinction pour deſirer de l'avoir dans toute ſa fleur & dans toute ſon integrité, je veux dire de la devoir à voſtre ſeul choix, & j'ay mis voſtre choix à tel prix, que je n'ay pas oſé en bleſſer, pas meſme en effleurer la liberté par une importune ſollicitation : j'avois d'ailleurs une juſte défiance de moy-meſme, je ſentois de la repugnance à demander d'eſtre préferé à d'autres qui pouvoient eſtre choiſis ; j'avois crû entrevoir, Meſſieurs, une choſe que je ne devois avoir aucune peine à croire, que vos inclinations ſe tournoient ailleurs, ſur un ſujet digne, ſur un homme rempli de vertus, d'eſprit & de connoiſſances, qui étoit tel avant le poſte de confiance qu'il occupe, & qui ſeroit tel encor s'il ne l'occupoit plus : je me ſens touché, non de ſa déference, je ſçais celle que je luy dois, mais de l'amitié qu'il m'a témoignée, juſques à s'oublier en ma faveur. Un pere mene ſon fils à un ſpectacle, la foule y eſt grande, la porte eſt aſſiegée, il eſt haut & robuſte, il fend la preſſe, & comme il eſt preſt d'entrer, il pouſſe ſon fils devant luy, qui ſans cette précaution ou n'entreroit point, ou entreroit tard. Cette démarche d'avoir ſupplié quelques-uns de vous, comme il a fait, de détourner vers moy leurs ſuffrages, qui pouvoient ſi juſtement aller à luy, elle eſt rare, puiſque dans ſes circonſtances elle eſt unique, & elle ne diminuë rien de ma reconnoiſſançe envers vous, puiſque vos voix ſeules, toûjours libres & arbitraires donnent une place dans l'Academie Françoiſe.

Vous me l'avez accordée, Meſſieurs, & de ſi bonne grace, avec un conſentement ſi unanime, que je la dois & la veux tenir de voſtre ſeule magnificence : il n'y a ny poſte, ny credit, ny richeſſes, ny titres, ny autorité, ny faveur qui ayent pû vous plier à faire ce choix, je n'ay rien de toutes ces choſes, tout me manque ; un ouvrage qui a eu quelque ſuccés par ſa ſingularité, & dont les fauſſes, je dis les fauſſes & malignes applications pouvoient me nuire auprés des perſonnes moins équitables & moins éclairées que vous, a eſté toute la mediation que j'ay emploiée, & que vous avez receuë. Quel moyen de me repentir jamais d'avoir écrit.

F I N.

www.ingramcontent.com/pod-product-compliance
Lightning Source LLC
LaVergne TN
LVHW050225180726
843501LV00013BA/3039